A MÁQUINA DE INOVAÇÃO

B574m Bezerra, Charles.
        A máquina de inovação : mentes e organizações na luta por diferenciação / Charles Bezerra. – Porto Alegre : Bookman, 2011.
        84 p. ; 21 cm.

        ISBN 978-85-7780-753-6

        1. Administração – Inovação nas organizações. I. Título.

CDU 005.591.6

Catalogação na publicação: Ana Paula M. Magnus – CRB-10/Prov-009/10

CHARLES BEZERRA

A MÁQUINA DE INOVAÇÃO
MENTES E ORGANIZAÇÕES NA LUTA POR DIFERENCIAÇÃO

2011

© Artmed Editora S.A., 2010

Capa e projeto gráfico interno: *Gustavo Moura, Hugo Kovadloff, Nicole Unger e Paulo Gontigo*

Editora Sênior: *Arysinha Jacques Affonso*

Editoração eletrônica: *Techbooks*

Reservados todos os direitos de publicação, em língua portuguesa, à
ARTMED® EDITORA S. A.
(BOOKMAN® COMPANHIA EDITORA é uma divisão da ARTMED® EDITORA S.A.)
Av. Jerônimo de Ornelas, 670 - Santana
90040-340 Porto Alegre RS
Fone (51) 3027-7000 Fax (51) 3027-7070

É proibida a duplicação ou reprodução deste volume, no todo ou em parte, sob quaisquer formas ou por quaisquer meios (eletrônico, mecânico, gravação, fotocópia, distribuição na Web e outros), sem permissão expressa da Editora.

SÃO PAULO
Av. Embaixador Macedo Soares, 10.735 - Pavilhão 5 - Cond. Espace Center
Vila Anastácio 05095-035 São Paulo SP
Fone (11) 3665-1100 Fax (11) 3667-1333

SAC 0800 703-3444

IMPRESSO NO BRASIL
PRINTED IN BRAZIL

Para Bia e Ian

PREFÁCIO

Este livro é uma tentativa de falar sobre inovação de uma maneira diferente, sem ficar debatendo ou buscando definições absolutas. É fácil entender o que é inovação; rapidamente reconhecemos uma solução inovadora. Difícil é fazer a inovação acontecer. Inovar tem a ver com a criação de algo novo que outras pessoas gostam; algo que se torna aceito, adotado, amplamente adotado. Com navegar em complexidade sem se perder. Com mudanças, com provocar mudanças, gostar de mudanças. Certamente poderíamos escrever um livro inteiro com várias e válidas visões sobre o que é inovação, mas isso não seria muito útil para ir à profundidade do tema e nos ajudar a inovar melhor.

Cada vez mais, a capacidade de inovar é colocada como uma questão de sobrevivência para as organizações. Inovações nascem da diferenciação e levam a um distanciamento da concorrência. Parece bastante óbvio que, na atual competição dos mercados, quem não for capaz de se reinventar, de mudar mais rápido que o contexto, de encontrar novos recursos antes dos existentes acabarem, ficará obsoleto. Assim, da mesma forma, poderíamos escrever um livro inteiro alertando sobre a importância da inovação. Mas talvez isso não seja necessário, pois já está bem claro.

Também poderíamos escrever um livro inteiro com *cases* de inovação. O que seria útil para tirar algumas lições importantes. E seria fácil de escrever, basta escolher exemplos de sucesso e contar a sua história ao contrário, explicando o problema depois de conhecida a solução. Mas isso deixaria as histórias menos fiéis, pois o sofrimento, o risco, o medo do erro e toda a riqueza de decisões inerentes ao processo de inovação, as influências e as pessoas que fizeram essas inovações seriam de certa forma influenciadas pelo fato de já sabermos que se trata de um *case* inovador.

Então, como vamos falar de inovação sem dar tanto valor a definições e a *cases* e sem ficar repetindo que inovação é importante? Esse é o desafio a que este livro se propõe. E para isso, vamos focar na máquina onde inovações realmente acontecem, ou seja, nas nossas mentes. Não nos aspectos fisiológicos, do *hardware*: se uma ação acontece no lado direito ou esquerdo do cérebro, mas nos aspectos do *software*, dos pensamentos, das inferências e do que podemos fazer para alcançar inovação.

Este é um livro com dois objetivos. O primeiro, sugerir caminhos que possam nos ajudar a tirar o máximo de nossas máquinas, caminhos que possam nos ajudar a preparar nossas mentes e, consequentemente, nossas organizações para inovar mais e melhor.

O segundo, fazer isso de uma forma não burocrática, mas como uma conversa rica, direta e profunda, e que dê prazer intelectual ao leitor. Uma história científica e filosófica sobre inovação narrada de forma leve, informal, pessoal e sem o uso de jargões. Um livro curto, mas orientado a inspirar longas reflexões.

Vamos explorar vários tópicos interessantes e navegar por várias disciplinas, sempre tentando mostrar a fantástica conexão que existe entre tudo. Nos primeiros capítulos vamos investigar a origem de nossas máquinas; depois, vamos mergulhar nas questões sobre complexidade e simplicidade; a seguir veremos como tratar a inovação cientificamente e, por fim, como podemos potencializar inovações em nossas mentes e em nossas organizações. O leitor não encontrará receitas ou fórmulas de sucesso neste livro, mas uma ajuda para chegar a reflexões mais profundas e úteis.

Inovações vêm de mentes. Por mais colaborativo e coletivo que seja um processo de inovação, ele passa pelo plano individual, envolve uma mente, esta máquina de razão e emoção que todos nós temos para processar informações. Inovar requer intelecto e atitude, inteligência e motivação. Ideias inovadoras são nada mais que o resultado do funcionamento perfeito de nossas mentes. São exemplos do melhor que podemos vir a ser.

SUMÁRIO

1. Filhos da complexidade — 12

2. A novidade da inovação — 18

3. Pérolas de simplicidade — 24

4. Máquinas de modelar — 32

5. Uma pergunta por noite — 38

6. Adega de livros — 44

7. Armadilha dos números — 50

8. O mundo de cabeça para baixo — 56

9. Inovação em organizações — 62

10. Máquinas do bem — 72

11. Leituras sugeridas — 78

12. Agradecimentos — 82

FILHOS DA COMPLEXIDADE

A maior parte deste livro irá tratar do futuro. Sobre inovação, sobre como pensar e criar o futuro. Antes, porém, de começar essa jornada e dar uma perspectiva de tempo a tudo que iremos percorrer, gostaria de olhar um pouco para trás. Na verdade, começar olhando bem para trás e falar um pouco sobre a origem da vida na terra e a origem de nossas máquinas de inovar.

A atual hipótese para o começo de tudo, a condição que deu origem ao universo, foi uma explosão, seguida de uma expansão em condições extremamente densas e quentes e que continua a ocorrer até hoje. Segundo a teoria, isso aconteceu há aproximadamente 13,7 bilhões de anos e só 8 ou 9 bilhões de anos depois surgiu o nosso sistema solar e, em seguida, o planeta em que vivemos.

Olhar para trás, para muito longe, é quase tão especulativo quanto olhar para o futuro. Há alguns bilhões de anos a Terra era uma enorme rocha cheia de poças de uma sopa química. Gradualmente, pequenas gotas de óleo desta sopa começaram a ser afetadas pelas condições do ambiente e sofreram novas combinações químicas que, de alguma forma, fizeram com que elas crescessem. Não sabemos bem todos os detalhes dessa história, pois a completa explicação química sobre a origem da vida ainda está por vir. O que provavelmente aconteceu foi a divisão dessas gotas de óleo em gotas menores da mesma composição. E essas moléculas, os primórdios das células, que conseguiam atrair nutrientes químicos e se dividir, sobreviviam por mais tempo. Mais tarde, essas células encontraram uma maneira de guardar essa receita de sucesso. A receita que elas criaram, o DNA, é usada até hoje.

Com a possibilidade do registro das receitas, as células ficaram mais complexas, pois desenvolveram uma maneira de guardar conhecimento a cada geração. Elas começaram a se unir em comunidades cada vez mais sofisticadas. Uma dessas comunidades cresceu pela aquisição de nutrientes do ambiente, caminho que o mundo vegetal trilhou. Já outra comunidade seguiu um caminho diferente e, para sobreviver e crescer, ela simplesmente adquiria, comia outras comunidades, dando início ao mundo animal. A escala de tempo desses acontecimentos foi realmente gigantesca, na ordem de bilhões e milhões de anos.

Assim, as comunidades de células começaram a desenvolver estruturas especiais e sensoriais, olhos, ouvidos, etc., e ainda uma estrutura para controlar essas estruturas sensórias e controlar as ações desses organismos. Surgiram, então, as estruturas neurais, a máquina de processamento de informações das comunidades de células. Com esta máquina, o aprendizado passou a acontecer não apenas entre gerações, mas também no tempo de vida de um único organismo. Se algo fazia bem ao organismo, ele aprendia e repetia, se algo fazia mal, ele evitava. Os organismos que tinham sucesso eram favorecidos pela evolução.

A mecânica desse processo era muito simples e foi fantasticamente explicada por Darwin em 1859. Havia certa variedade entre indivíduos nas populações. A cada geração, pequenas mudanças aconteciam em alguns indivíduos. Essas mutações afetavam a sua sobrevivência e, consequentemente, sua reprodução. Grande parte das características era passada para frente, os indivíduos pareciam mais com seus pais do que com outros parentes mais distantes. E dessa forma, as características que aumentassem as chances de sobrevivência e reprodução prevaleciam nas gerações futuras. Em palavras menos técnicas, mutação jogava tudo para cima, cruzamentos recombinavam as receitas e seleção dizia quais pratos ficavam no menu do dia. As únicas regras do jogo eram, e são até hoje, sobreviver e reproduzir.

Com o passar do tempo, essas simples regras criaram toda a fantástica complexidade que presenciamos ao nosso redor. Toda riqueza e diversidade da vida neste planeta foi originada por esse processo. Todas as formas de vida evoluindo paralelamente em um sistema de agentes extremamente conectados e dependentes uns dos outros, seguindo a inescapável tendência de gerar mais e mais complexidade.

Esse processo de evolução foi capaz de produzir a máquina mais complexa que conhecemos – a mente humana. Uma máquina que levou alguns bilhões de anos para ser construída. Uma máquina para manipular representações e se comunicar com outras máquinas. Uma máquina de raciocínio e aprendizado capaz de solucionar problemas e de descobrir o novo. Um poder de processamento superior que nos permitiu dominar todas as outras formas de inteligência. Uma máquina que foi capaz de desenvolver um super poder – a capacidade de criar, de inovar.

Os passos de nossa evolução e a nossa capacidade de alterar o ambiente eram limitados. Entretanto, quando as nossas mentes alcançaram a habilidade para criar, tudo mudou. Começamos desenvolvendo ferramentas básicas, as quais nos ajudaram a ser cada vez mais eficientes em resolver os problemas de nossa subsistência. Criamos soluções para nos ajudar a caçar, nos proteger e para nos livrar de várias situações difíceis. Criamos também uma maneira de trabalhar o ambiente para depois colher os frutos. Revolucionamos, assim, a maneira que vivíamos, começamos a planejar e cultivar, e não apenas a seguir os recursos naturais. Também desenvolvemos a capacidade de registrar a nossa comunicação e passar adiante nossas ideias. Essa capacidade foi usada inicialmente para nossa expressão, mas em seguida começamos a usá-la para resolver problemas. Assim, sofisticamos ainda mais o nosso potencial de criação. Criamos arte e ciência ganhando ainda mais velocidade.

Com a ciência, método para testar hipóteses e ideias, aprimoramos drasticamente nossa capacidade de entender o mundo ao redor, o que nos permitiu criar tecnologias e também nos ajudou a ganhar escala. Criamos tudo em massa. Mudamos praticamente tudo: a maneira como moramos, nos transportamos, nos divertimos, cuidamos de nossos doentes, educamos nossos filhos, etc. Quando desenhamos o mundo dessa vez, estávamos tão apaixonados pelo poder que nossas máquinas nos davam que cometemos um erro básico: esquecemos do meio ambiente. Talvez não estivéssemos preparados para tanto poder. E agora teremos que redesenhar tudo novamente.

Como o cientista da computação Danny Hillis já escreveu, os primeiros capítulos da história da evolução tiveram lugar na escala dos bilhões de anos. O surgimento de nossa espécie e mentes aconteceu na escala das centenas de milhares de anos. O desenvolvimento da linguagem, do design e da ciência alguns milhares de anos. E, as mais recentes criações de nossas máquinas, como por exemplo toda tecnologia digital, em apenas algumas décadas.

Como vimos nessa breve história, o processo se autoalimenta, fica cada vez mais sofisticado e ganha mais e mais velocidade. Agora, estamos começando a criar e usar máquinas para agir como mentes, máquinas para ajudar nossas máquinas a processar cada vez mais rápido e melhor. O que vem depois nessa história sempre será um mistério. Quando olhamos para trás, como acabamos de fazer, verificamos que a única constante é a constante mudança e a inescapável tendência de sofisticação e complexidade. Nossas máquinas de inovar são exemplo do que há de mais sofisticado produzido pelo rigoroso processo de evolução natural. Somos inovações da natureza. Somos filhos da complexidade.

A NOVIDADE DA INOVAÇÃO

Agora que olhamos um pouco para trás e observamos o processo que originou nossas máquinas de inovar, podemos continuar a nossa história e dar uma atenção maior ao contexto em que vivemos. Podemos pensar a tecnologia, a comunicação e a competição do mundo atual como partes de um processo similar à evolução natural. A tecnologia atuando como um mecanismo de mutação e constantemente gerando novas possibilidades. A comunicação e a conectividade permitindo a combinação de ideias, como um mecanismo de cruzamento. E a competição dos mercados atuando como um grande processo de seleção, decidindo o que sobrevive e passa para a próxima geração. A dinâmica entre esses três mecanismos é capaz de nos manter em constante revolução e de criar toda essa diversidade de ideias, produtos, serviços e experiências que estamos presenciando.

Vivemos cada vez mais conectados. Temos mais e mais acesso a informação. As pessoas parecem estar sempre dispostas a criar e trocar experiências em plataformas cada vez mais portáteis. O efeito cumulativo dessa maior conectividade e comunicação facilita a combinação do conteúdo, a ponto de concordarmos que estamos diante de uma nova revolução do conhecimento. Uma era onde a geração de riquezas está mais associada com o pensar do que com o fazer coisas. Ao mesmo tempo, porém, a quantidade de informação que produzimos é imensamente maior do que a nossa capacidade de absorvê-la. E como ao mesmo tempo somos pressionados a saber mais e mais, só nos resta uma alternativa – filtrar. A habilidade de interpretar e selecionar o que é útil no meio de tanto barulho é, hoje, talvez a competência mais necessária para a evolução intelectual de qualquer pessoa.

Além disso, a nossa tecnologia está cada vez mais mutável. É quase impossível estar atualizado. Os *chips*, o equivalente artificial das nossas mentes, mudam de geração cada vez mais rápido. Cada nova tecnologia oferece um novo mundo de oportunidades. Tudo é muito novo e, por isso, ainda não entendemos bem como usar a tecnologia. Em muitos casos, em vez de usá-la a nosso favor, ficamos escravos dela. Muitas vezes, precisamos de menos tecnologia. Muitos ainda buscam a tecnologia como fim e não como meio. Muitas organizações ainda acham que tecnologia é sinônimo de inovação e que apenas investir nisso irá torná-las mais inovadoras.

O nosso ambiente também está cada vez mais competitivo. Assim como para as pessoas, também para as organizações a competição é cada vez mais dura e global. E, assim como na natureza, existem os grandes e os pequenos. Os grandes possuem força e escala, e os pequenos, agilidade e autonomia. É muito raro encontrar uma grande organização que consiga fazer mudanças importantes de forma rápida. Para sobreviver em meio à extrema competição atual, organizações e pessoas só precisam de uma coisa – conquistar a aceitação de suas ideias. Na prática, esse é o verdadeiro critério de demarcação entre o que é inovador ou não.

A lógica é bastante simples. Para sobreviver é preciso se diferenciar; se a diferenciação tiver sucesso, ela trará atenção; se a atenção tiver sucesso, trará aceitação; e se houver aceitação, haverá futuro. Assim, somos quase condenados a nos diferenciar.

No mundo natural, diferenciações aparecem de forma aleatória. Mutações simplesmente acontecem, não são planejadas, como Darwin bem explicou. Em nosso ecossistema, porém, diferenciações precisam ser planejadas. Para se diferenciar, com frequência uma organização necessita planejar, envolver a liderança, a cultura, os processos e, principalmente, as pessoas em uma ação capaz de ajudá-las a entender melhor o presente e pensar o futuro.

O ato de inovar se assemelha muito ao ato de plantar. Nesse sentido, inovações seriam os frutos de um processo – de um processo de criação, de design. Que requer sementes, que poderíamos comparar com as ideias das mentes das pessoas. Essas sementes precisam ser cuidadas e irrigadas por um líder capaz de criar o solo fértil, a condição certa para que novas ideias possam brotar. Uma organização também precisa pensar sempre na sequência das safras, pensar na oferta e demanda de inovações. Parece óbvio, mas muitas empresas enfrentam problemas porque simplesmente ficam iludidas com uma safra passada, e esquecem de plantar a próxima. Ficam saboreando o sucesso de uma inovação e não plantam com a mesma atenção.

Assim como na agricultura não se pode garantir o sucesso de uma safra, no ecossistema da inovação também não existem garantias, há dias de sol e dias de chuva. Não existem fórmulas. O que realmente funciona é o que todo agricultor sabe bem: escolher boas sementes, cuidar o solo e dar atenção à meteorologia. E tudo isso tem que acontecer cada vez mais rápido. No atual contexto, é preciso que os processos de inovação funcionem cada vez mais a todo vapor, que o plantio e a colheita sejam cada vez mais rápidos. Quem tiver uma boa ideia e não implementar logo, perdeu. A competição, agora é global, vem e colhe primeiro.

Muitos acreditam que a grande novidade para alcançar diferenciação é o "foco no consumidor", que a descoberta intelectual do momento é a atenção com o consumidor. Realmente houve um grande avanço metodológico na descoberta das necessidades dos consumidores, e técnicas para entender o comportamento das pessoas são cruciais para o sucesso de qualquer ideia, em qualquer organização. Sem dúvida é fundamental e todo empreendedor de sucesso sabe disso. Entretanto, focar no consumidor talvez não seja tão novidade assim, seja obrigação mesmo. Claro que ter uma organização focada no consumidor é uma tarefa difícil e constante, mas será que existe algo mais? Algum conceito intelectual mais amplo e profundo?

Estamos descobrindo que, para inovar, nossas mentes precisam estar preparadas para um mergulho na complexidade sem se perder. E que a tendência de sofisticação e aumento de complexidade também estão em nossos processos de criação. Vivemos em uma era onde o ritmo das mudanças está constantemente acelerando. Nossas máquinas de inovar são, na verdade, os maiores agentes de mudanças que conhecemos. A melhor explicação sobre o conceito de mudança que encontrei, após anos de leitura, e que de certa forma resume bem esse tópico, foi em um livro sobre o filósofo da matemática Irme Lakatos. Dizia que "mudança é o resultado da tensão acumulada dentro uma unidade complexa". Ou seja, a mudança acontece quando um agente de um sistema não aguenta mais e faz algo diferente em resposta a uma situação ou estímulo.

Como veremos a seguir, quanto mais entendermos e modelarmos complexidades, mais preparados estaremos para provocar e conviver com mudanças. Talvez a chave para alcançar inovações seja o nosso maior entendimento sobre o fenômeno da complexidade.

PÉROLAS DE SIMPLICIDADE

Até os assuntos do nosso cotidiano, como a comida no supermercado, o controle do trânsito ou a economia do país escondem sistemas extremamente complexos. Por séculos, cientistas e filósofos têm tentado entender nossa complexa existência, mas só recentemente começamos a tratar os fenômenos complexos como uma área específica de estudo. Podemos pensar o estudo da complexidade divido em três grandes ondas de interesse. Na primeira, que ocorreu logo após a Primeira Guerra Mundial, os estudos se preocuparam com o conceito de que o todo é maior que a simples somas das partes. Uma ideia claramente influenciada pelo conceito da *gestalt*, corrente da psicologia que propõe que nossas mentes dão mais preferência ao todo do que às partes e que deu origem a uma interpretação mais holística dos sistemas complexos. Essa noção de atributos globais – o todo – e atributos locais – as partes – foi fundamental para o avanço do estudo nessa área.

Uma segunda onda de estudo sobre complexidade aconteceu após a Segunda Guerra Mundial e focou nos conceitos de entropia (desordem) e homeostase (os comportamentos de auto-estabilização e auto-organização presentes nos sistemas complexos). O interesse dessa onda de estudo foi tentar entender como os sistemas complexos mantêm coerência e se adaptam a um ambiente mutável. Importante notar que o momento era o início da Guerra Fria e havia muito interesse em fazer evoluir os processos de decodificação de mensagens.

A terceira e atual onda de interesse em sistemas complexos é marcada pelo surgimento dos computadores. Com o computador começamos a pegar nossas teorias, ou fragmentos de teorias, e combiná-las e testá-las em ambientes de simulação. E assim, o estudo começou a focar nos mecanismos que criam e mantêm complexidade e na tentativa de entender as regras e leis que fazem emergir o comportamento complexo. Várias áreas de estudo nasceram dessas investigações, entre elas a teoria do caos, a teoria da catástrofe, os algoritmos genéticos e os sistemas adaptativos. Basicamente, quando se fala sobre teoria do caos estamos nos referindo à ideia de que uma pequena mudança nas condições iniciais de um sistema complexo pode provocar uma série de eventos capaz de trazer resultados drásticos e imprevisíveis. O exemplo clássico, conhecido como "efeito borboleta", indica que, em teoria, o bater das asas de uma borboleta, digamos, na China, poderia afetar os padrões climáticos no Brasil, a milhares de quilômetros de distância.

Também relacionado com as causas e os efeitos da complexidade, a teoria da catástrofe propõe que mesmo causas insignificantes, quando aplicadas de forma constante, podem provocar efeitos catastróficos e descontínuos. Como exemplo, podemos imaginar uma ponte de madeira suportando um caminhão carregado com pequenos blocos de cimento. A ponte resiste até um ponto crítico de carga e, quando este é atingido, a ponte desaba e o resultado é, por assim dizer, catastrófico.

Já os algoritmos genéticos são uma área de estudo que tenta entender a complexidade por meio de simulações de processos evolucionários. Trata-se da simulação das ideias dos mecanismos de mutação, cruzamento e seleção em máquina para encontrar soluções para problemas complexos. Uma técnica computacional realmente fascinante cada vez mais usada em problemas de busca, otimização e aprendizado em máquinas. Em vez de procurar por uma solução em todo espaço de soluções como outras técnicas tradicionais, esta técnica imita a natureza e começa uma busca com uma população aleatória de soluções candidatas e com a aplicação de procedimentos que imitam os da seleção natural. Esta população inicial "evolui" para soluções melhores até achar a resposta do problema em questão. Na verdade, a computação evolucionária, esta simulação do nosso próprio processo evolutivo, é um dos caminhos para chegarmos a máquinas inteligentes, ou seja, máquinas de inovações artificiais.

Atualmente, a pesquisa sobre complexidade tem vida própria, e pesquisadores de diferentes disciplinas estão se transformando em especialistas dos sistemas complexos adaptativos. Sistemas e situações que não podem ser explicados ou descritos linearmente, de maneira previsível. Sistemas capazes de auto-organização, replicação, aprendizado e adaptação. A origem de vida na Terra, a evolução biológica, o aprendizado e pensamento em animais, incluindo os seres humanos; o comportamento de investidores nos mercados, o uso de *software* de computadores e a Internet são alguns exemplos de sistemas complexos dados pelo ganhador do prêmio Nobel em Física Murray Gell-Mann.

O conceito de adaptação é um ponto central no estudo dos sistemas complexos e indica algum estágio de ajuste entre agentes. O termo agente aqui se refere aos elementos ativos que formam um sistema complexo; por exemplo, as empresas em um mercado ou os insetos em uma floresta. Em biologia, adaptação descreve o processo que um organismo usa para se ajustar ao ambiente. Envolve uma modificação progressiva das estruturas do sistema em resposta ao contexto. Nesse sentido, adaptação também é um mecanismo de superação de obstáculos. Darwin nunca disse que o mais forte é aquele que sobrevive, nem o mais inteligente; o que ele disse, na verdade, foi que sobrevive quem está mais preparado para mudanças, o mais adaptável. Esse é um ótimo caminho para pessoas e empresas interessadas em inovar.

A pesquisa sobre complexidade, como está sendo desenvolvida pelos especialistas de diversas disciplinas, começa a sugerir alguns princípios gerais a todos os sistemas complexos. Em seu livro *Hiden order: how adaptation builds complexity,* John Holland os chamou de "sete básicos". Uma primeira propriedade, segundo ele, seria a agregação: a capacidade dos sistemas complexos de se agruparem em meta-agentes, ou agentes de maior nível. O exemplo clássico é o formigueiro, que tem um comportamento imensamente mais poderoso que uma formiga isolada. Outra propriedade é a não linearidade, o fato de que as interações entre os agentes de um sistema complexo não se comportam nem se desenvolvem suavemente de um estágio para o outro de maneira previsível ou linear. A terceira propriedade é o fluxo, a dinâmica rede de conexão entre os agentes de um sistema complexo; como exemplo, podemos pensar nas rodovias que ligam cidades ou o fluxo de informações entre computadores de uma rede. E a última propriedade seria a diversidade, a própria variedade dos agentes de um sistema, que cria toda a riqueza de interações e comportamentos. Por exemplo, uma empresa com diversos departamentos, ou um enxame de abelha, que é um meta-agente formado por abelhas com diferentes funções.

Holland também sugere três mecanismos comuns a todos os sistemas complexos. O primeiro é o mecanismo de identificação, a marca dos agentes de um sistema complexo. Uma bandeira de um time de esporte, por exemplo, é um mecanismo de persuasão que facilita a identificação e o agrupamento dos agentes. O segundo mecanismo, que Holland chamou de modelos internos, é o tópico mais difícil no estudo dos sistemas complexos. A ideia básica é que com o passar do tempo, os agentes de um sistema complexo começam a identificar padrões de entrada ou estímulos que os permitem alterar suas estruturas internas e antecipar o resultado ou consequências quando o estímulo é novamente encontrado. Trata-se da mecânica interna de aprendizado e antecipação que os agentes possuem. E, por último, o mecanismo chamado de blocos de montar refere-se às partes, ou ingredientes, que compõem os agentes de um sistema complexo. Engrenagens, por exemplo, são blocos de montar usados em um relógio; ou ainda, olhos, nariz e boca são blocos de montar de uma face humana.

Em sistemas complexos, as inovações podem ocorrer pela descoberta de um novo bloco de montar, o que é mais raro, como o descobrimento de uma nova tecnologia, ou pela diferente combinação de blocos já existentes. Foi o caso do relógio, que é um novo uso das engrenagens, algo conhecido séculos antes de o relógio ser criado.

Esses são conceitos importantes e podem ser usados quando se encontra um sistema complexo. Fica claro aqui a tentativa de modelar algo dinâmico, a busca por encontrar regras para algo que está mudando, como se estivéssemos tentando jogar um jogo que muda de regras constantemente. Na verdade, esse é um aspecto-chave quando nos deparamos com sistemas complexos: tudo está em permanente mudança. Não existe a ideia de perfeito equilíbrio. Quando a ordem aparece, a desordem aparece em outro lugar, este é o real significado de mudança – viver entre ordem e desordem. Nenhuma ordem dura para sempre.

A última questão que queria abordar aqui é a questão do simples. Nesse sentido, não posso deixar de mencionar outra ideia de um dos líderes no atual estudo dos sistemas complexo, Murray Gell-Mann. Para ele, a diferença entre o simples e o complexo depende do grau de descrição. Gosto de usar o exemplo de uma cadeira. Podemos descrever uma cadeira de maneira simples como algo formado por um assento, um encosto e uma estrutura de base, ou passarmos horas ou semanas descrevendo as propriedades moleculares dos materiais, seus processos de fabricação, a força gravitacional que atua sobre a cadeira, etc. Todo conhecimento humano está em uma cadeira, por assim dizer. Se mergulharmos profundamente veremos que em tudo há complexidade, porém sempre podemos interpretar e descrever essa complexidade de forma mais simples. Costumo pensar as soluções simples como fossem pérolas dentro de um oceano; para encontrá-las, com frequência precisamos aprender a mergulhar fundo sem nos perder.

Nossa máquina de inovar só nos permite achar as pérolas de simplicidade quando mergulhamos nas partes sem deixar de ver o todo. Nossa máquina faz isso tão naturalmente, tão inconscientemente, que muitas vezes achamos que o simples e o complexo são diferentes um do outro. Mas na essência eles são a mesma coisa, depende de como entendemos, modelamos e explicamos. Como costumava dizer outro grande físico, o pai da nanotecnologia e ganhador do Nobel em Física de 1965, Richard Feynman, nós, seres humanos, "somos um universo de átomos e um átomo no universo".

MÁQUINAS DE MODELAR

Sempre que eu escutava um comentarista ou um jornalista apresentar alguém como um "cientista político", ficava intrigado e me perguntava como alguém pode ser um cientista de política? Onde está a ciência na política? O que, consequentemente, me levava a outra e mais importante questão: o que realmente significa ser científico? Entre as várias respostas para essa questão, uma chamou mais a minha atenção e acabou alterando radicalmente a maneira como enfrentava os problemas. Trata-se da teoria do falsificacionismo, proposta pelo filósofo da ciência Karl Popper: o que diferencia uma teoria científica de uma não científica é a possibilidade dela ser falsificada. A ideia de que não é pela confirmação de nossas teorias que nosso conhecimento evolui, mas exatamente o contrário, pela falsificação.

Para deixar mais claro, vale lembrar o clássico exemplo dos cisnes negros, sugerido por Popper. Por séculos, na Europa, acreditava-se que só existiam cisnes brancos, pois em todas as observações existentes sobre cisnes eles eram brancos. Havia até uma proposição na lógica clássica que dizia "todos os cisnes são brancos". Mas após a descoberta da Austrália, e a descoberta de cisnes negros, o que era uma verdade de séculos caiu por terra. Ou seja, por mais resultados positivos com que um experimento possa confirmar uma teoria, jamais irá provar que ela é verdadeira. E apenas um exemplo contrário é suficiente para provar que ela é falsa.

Assim, Popper concluiu que todo conhecimento científico é incerto, sujeito a revisão e falsificável em princípio. Disse também que é a tentativa de falsificação e a eliminação dos erros que nos faz evoluir em direção à verdade. E isso, é claro, implica uma atitude mais humilde em relação ao conhecimento. Feynman costumava dizer que ser científico significava "ter liberdade para duvidar". Duvidar de qualquer autoridade, de pré-conceitos, duvidar de qualquer coisa. Principalmente de si mesmo. Pensar cientificamente é saber que a qualquer momento pode--se estar errado. Significa ter a humildade de reconhecer a ignorância, de poder dizer "eu não sei". Significa basear-se em evidências e buscar o debate para testar as próprias ideias em vez de protegê-las.

Nesse sentido, acredito que também podemos falar em ciência da inovação. Toda tentativa de inovação é apenas uma hipótese, pois em processos de inovação não existem garantias. Algumas ideias sobrevivem, conseguem passar no teste do mercado, conseguem diferenciação e aceitação. Mas, assim como nas teorias científicas, sempre pode vir uma nova teoria que explique mais e assumir o lugar de melhor hipótese. Inovações nunca são absolutas, são hipóteses dependentes de um contexto, de um momento e de novos experimentos de mercado.

A essência do processo científico está na capacidade de modelar, na tentativa de explicar o hoje e encontrar as regras que expliquem o amanhã. Nossas mentes fazem isso o tempo todo, consciente ou inconscientemente estamos sempre modelando. Tratar inovação cientificamente significa auxiliar nossas mentes a fazer de forma consciente o que elas já fazem inconscientemente. Significa acompanhar e orientar, julgar e criticar os próprios raciocínios.

Modelos podem ser feitos até em guardanapos. Em modelos, usamos símbolos, representações simplificadas de conceitos, para manipular melhor a complexidade. Físicos muitas vezes transformam equações em figuras geométricas, como cones, esferas, para poder pensar melhor o problema durante suas caminhadas, como que usando modelos como um *kit* de viagem para seus problemas. Modelagem é certamente um caminho para inovação. Quando modelamos vemos o todo e as partes. Vemos as informações que temos e as que estão faltando. Modelos nos ajudam a entender o problema. Einstein dizia que "se tivesse 20 dias para resolver um problema, passaria 19 dias definindo e entendendo o problema e apenas um dia resolvendo-o". Modelos sugerem analogias, iluminam estratégias e nos ajudam a explicar. Einstein dizia também, "se você não pode explicar algo de forma simples, é porque você não entende o suficiente".

Quando modelamos, também disciplinamos o debate e, de certa forma, reduzimos o poder da autoridade. Modelos nos ajudam a estruturar nossos argumentos e a buscar por evidências em uma terceira pessoa. O modelo toma vida própria e aceita críticas com mais facilidade do que as pessoas.

Por último, modelos nos fazem reconhecer padrões. Enxergar padrões é o que nossas máquinas de inovar sabem fazer de melhor. É o mecanismo-chave do processo de aprendizado. Inovação acontece quando temos coragem de quebrar um padrão; quando adaptamos os padrões que conhecemos para outras situações; quando fazemos uma pergunta certa na hora certa. Perguntas, às vezes, dizem mais do que respostas. Outro dia ouvi uma história sobre um *outdoor* em uma cidade do interior de Minas, conhecida por sua produção de cachaça. Na saída dessa cidade, havia um anúncio com apenas três perguntas na seguinte sequência: "Bebeu? Vai dirigir? A esposa é bonita?". Achei fantástico, em apenas três perguntas a mensagem para não beber e dirigir foi transmitida de maneira profunda e com um certo humor. No mundo competitivo e corrido em que vivemos, muitas organizações e pessoas estão sempre querendo as respostas, as mais corretas possíveis, as rápidas possíveis, as mais fáceis possíveis. Mas não sabem que a chave está mesmo é nas perguntas.

Se não duvidarmos não teremos força intelectual para reinventar nada, para propor nada de novo. A porta para inovação é a mesma da ciência: a dúvida, o questionamento. Há pessoas que não gostam do questionamento pois se dizem pessoas de ação, e preferem agir sem pensar e ver no que vai dar, mesmo por que consertar erros também envolve ação, o que as mantêm constantemente ocupadas. Entretanto, questionar e pensar antes não deve impedir a ação, pelo contrário, deve maximizar o uso de recursos. Como na antiga frase: "planejamento sem ação é sonho; ação sem planejamento é pesadelo". Inovação acontece quando equilibramos planejamento e ação, quando sabemos o momento exato para fazer cada uma dessas etapas.

Muitas pessoas e organizações acreditam que para inovar precisam apenas de criatividade. Na maioria dos casos, porém, o que elas precisam mesmo é de disciplina e concentração, e não de mais criatividade. O filósofo austríaco Ludwig Wittgenstein comparava o ato de pensar ao de mergulhar; para ele, sair da superfície e ir à profundidade dos problemas também requer um grande esforço físico. Já Feynman comparava o pensamento concentrado a uma pirâmide de cartas, ou seja, algo que se vai construindo aos poucos e, se alguma coisa interrompe, toda a pirâmide cai e é preciso começar tudo de novo. Para inovar precisamos melhorar nossa capacidade de concentrar e de modelar, o que vai implicar em uma grande mudança no tipo de treinamento que nossas máquinas estão acostumadas a receber. Einstein dizia que era "um milagre nós permanecermos criativos após a educação formal". Na mesma linha, há uma ótima frase do pensador da educação Roger Schank: "Só existem duas coisas erradas com o nosso sistema de educação: primeiro, o que nós ensinamos; e segundo, como nós ensinamos."

UMA PERGUNTA POR NOITE

Para quem se interessa por máquinas de inovar, em saber como nossas mentes funcionam, nada mais fantástico do que presenciar uma mente evoluir. Ter um filho é um grande experimento cognitivo. Ser pai de uma máquina zero quilômetro é, ao mesmo tempo, uma experiência excitante e assustadora. Excitante porque podemos observar um pouco como os *inputs* influenciam os *outputs* e ver o aprendizado acontecendo na mais avançada das máquinas. Assustadora porque nos faz lembrar a todo momento da nossa responsabilidade em ajudar essa máquina a atingir todo seu potencial.

Após estudar várias disciplinas relacionadas com os processos mentais, entre elas a ciência cognitiva, a filosofia analítica, a inteligência artificial, biologia evolucionária, lógica, e design, encarei o nascimento do meu filho como uma grande oportunidade de observar melhor esta fantástica máquina evoluindo. Em minha preparação, se é que alguém pode se preparar para ser pai, lembro de ter lido um grande livro sobre a educação das crianças: On Education: *especially in early childhood,* do filósofo Bertrand Russell. Neste livro, ele alerta sobre a importância de – e alguns caminhos para – equilibrar a educação do intelecto com a educação do caráter. E assim, como todo pai, era sobre essas questões que pensava antes do nascimento do meu filho.

Mas o que gostaria de descrever aqui é o exercício que começamos quando ele tinha entre 2,5 e 3 anos de idade. Foi uma atividade que começou quase acidentalmente. Certa noite ele fez uma pergunta quando eu estava colocando-o para dormir. Dei uma explicação, mas notei que ele não prestou muita atenção. Propus, então, o seguinte exercício: toda noite ele teria o direito de fazer uma pergunta antes de dormir, sobre qualquer coisa que quisesse saber, e eu explicaria. Após a minha explicação, porém, ele teria que responder alguma pergunta minha sobre o que havia acabado de explicar. Um tipo de prova oral antes de dormir. Como toda criança curiosa, ele aceitou a minha proposta. Uma atividade que inicialmente pretendia ensiná-lo a ter mais concentração transformou-se em uma linda experiência de aprendizado e de treinamento para curiosidade.

E assim, toda as noites, logo após uma oração, tinha início o nosso exercício. No começo as perguntas eram mais básicas. Ao olhar a lâmpada acesa no quarto, por exemplo, ele perguntava: papai, o que é a luz? E então eu explicava o conceito em uma linguagem que ele entendesse e que facilitasse o pequeno teste oral que se seguia. Começava dizendo, por exemplo, que existem três formas de luz: a luz do fogo, a luz da energia e a luz do sol. E aproveitava para explicar alguns outros conceitos associados, como a relação do dia e da noite e outros conceitos básicos de astrofísica.

Minhas explicações envolviam sempre muita empolgação, transformando o conhecimento científico em algo emocionante e divertido como qualquer história de criança. E dessa maneira, começando com uma pergunta e com explicações divertidas, já cobrimos noções básicas sobre vários e importantes assuntos, por exemplo: evolução – sobre vida, espécies, diversidade animal e vegetal; relatividade – conceito de gravidade, velocidade da luz; teoria dos materiais – sobre a origem dos polímeros, propriedades de alguns materiais; química – sobre estados dos fluidos; ecologia – sobre conceitos de sustentabilidade; processo de produção – sobre processos e ciclos de fabricação de brinquedos até chegar à loja; entre vários outros temas.

Para minha boa surpresa, essa atividade provocou um aumento significativo na qualidade e profundidade das perguntas. A curva de aprendizado da máquina humana é realmente algo impressionante. Com o tempo, o repertório de perguntas e explicações foi se retroalimentando e levou a perguntas cada vez mais sofisticadas. Por exemplo, uma dessas noites, eu estava viajando e ele aos 3,5 anos, perguntou para minha esposa se existia gravidade dentro da água, o que achei uma ótima pergunta, pois se trata de outro meio e ele questionou se as leis da física seriam as mesmas. Outro exemplo ocorreu quando ele tinha um pouco mais de 4 anos, fase em que os garotos se interessam muito pelas histórias de dinossauros. Na noite seguinte a que respondi a uma pergunta sobre a extinção dos dinossauros, relatando a explicação do meteoro, ele disse que teria mais duas perguntas ligadas ao mesmo assunto. Às vezes, uma pergunta de uma noite trazia outras perguntas associadas. E ele disse: "ontem você falou sobre o meteoro e como os dinossauros desapareceram da terra. As perguntas de hoje são: pode vir de novo? E a segunda pergunta é: quem jogou o meteoro?". Fiquei super orgulhoso.

Descrevi esse exercício pessoal entre pai e filho em forma de experimento, mas claro que se trata de uma criança que brinca e fantasia e esse é apenas um exercício de curiosidade, para despertar para a beleza da ciência e para evoluir a qualidade das perguntas. A mensagem que queria deixar aqui não é que meu filho é especial ou diferente de alguém, mas exatamente o contrário. Nossas máquinas são basicamente as mesmas, as oportunidades e como as aproveitamos é o que realmente faz a diferença. Quando comecei levar perguntas a sério e comprar livros, eu tinha entre 15 e 16 anos, e me lembro perfeitamente a mudança que isso provocou na minha vida.

Pessoas e organizações que querem inovar terão que aprender a desaprender o que lhes foi ensinado. Aprender a aprender sempre foi o segredo. Aprender não apenas para acumular informações, mas para entender o mundo e nos ajudar a desenvolver novas perguntas e respostas. O sistema educacional do mundo massificado nos ensinou a memorizar respostas e não questionar muito. O humorista e cartunista Millôr Fernandes tem uma definição irônica para a palavra "intelectual" que eu gosto muito. Para ele, intelectual é quem sabe dizer a palavra galinha em seis ou sete línguas, mas pensa que quem coloca o ovo é o galo. Conhecimento é para ser usado, para aumentar a capacidade de nossas máquinas de produzir mais conhecimento. Para ser usado como meio e não como fim em si mesmo.

Nossas mentes são mais plásticas e adaptáveis do que pensamos. Assim como exercitamos os músculos para aumentar nossa performance física, podemos ajudar nossas máquinas de inovar a atingir todo potencial e torná-las mais criativas. E o processo é o mesmo que usamos para os músculos – motivação, disciplina e transpiração. Com a Internet, as ferramentas digitais cada vez mais presentes em nossas vidas, em todos os lugares, muitos estão achando que não precisam mais saber, apenas achar. E assim, ficam dependentes de ferramentas e assumem uma atitude passiva diante do conhecimento. Quanto mais nossas máquinas são usadas e testadas, porém, mais elas evoluem. Quanto mais erramos, mais aprendemos a corrigir os erros.

Buscamos modelar e explicar o mundo, mas temos que ter cuidado para não achar que controlamos tudo. Por exemplo, conseguimos modelar e explicar como os terremotos e raios acontecem, mas não conseguimos prever quando o próximo vai acontecer. Somos sistemas complexos interagindo com outros sistemas complexos. Temos controle e influência apenas de algumas variáveis, mas não de todas. Por isso, o sucesso vem da nossa capacidade de adaptação a mudanças. Para inovar com mais qualidade e frequência, pessoas e organizações terão que aprender a conviver com a dúvida, com a incerteza e a ignorância. Ainda hoje faço o exercício de uma pergunta por noite com o meu filho, mais sei que em breve sua adaptabilidade ao atual ritmo de mudanças deverá superar a minha e certamente iremos inverter os papéis de quem pergunta e de quem responde. E assim, terei ajuda para entender novas complexidades. Não vejo a hora de começar a fazer perguntas para ele.

ADEGA DE LIVROS

Depois de ter morado em algumas cidades e países diferentes, e de ter feito novos amigos em contextos bem distintos, comecei a refletir mais sobre o processo de construção de relacionamentos e identifiquei um interessante padrão. Percebi que, ao visitar a casa de alguns amigos após um certo tempo de relacionamento, eu era convidado por eles para ver a famosa adega. Alguns deles tinham um enorme prazer em me mostrar seus vinhos, sempre com explicações sobre a origem e atributos mais marcantes. Vi que para algumas pessoas a adega é realmente algo de grande valor, o que eu nunca entendi completamente, pois sempre tive uma preferência por cerveja e meu critério de escolha nunca esteve completamente desassociado de um limite de custo. Mas mesmo sem ter uma adega em casa, notei que estava fazendo algo bem similar. Ao receber amigos, após algum tempo de relacionamento, eu os convidava para visitar minha estante de livros. Lá, orgulhosamente, mostrava minhas raridades. Algo que, é claro, muitos não entendiam. E por isto, comecei a fazer uma relação entre as estantes e as adegas. Comecei a ver minha estante como uma adega, uma adega de livros.

Até hoje, não encontrei melhor combustível para nossas máquinas de inovar do que uma boa leitura. Nada mais eficiente para potencializar nossas mentes do que um bom livro. Assim como um bom conhecedor de vinho desenvolve a sensibilidade com o tempo, chegando a reconhecer nuances e detalhes que não são percebidos pela maioria das pessoas, quanto mais lemos, mais nossa sensibilidade para filtrar o que é superficial e profundo é desenvolvida. Nosso gosto por conteúdos mais originais aumenta, nosso "paladar" evolui e vamos ficando mais críticos. Como no caso dos vinhos, uma vez acostumados com um conteúdo intelectual de melhor qualidade, ficamos mais exigentes e temos dificuldade de tolerar o que é superficial e não vem de uma boa fonte.

O poder da leitura é algo difícil de explicar. Um livro pode mudar uma vida, pode reprogramar uma mente. Livros contêm matéria-prima para nossos próprios pensamentos. Eles ajudam a matar nossa sede por conhecimento, alimentam nossa curiosidade. Os livros potencializam nossas conexões como aditivos para nossas mentes. A leitura está para nossas mentes como a comida está para o nosso corpo. Quem lê consegue fazer coisas que quem não lê raramente consegue. Uma delas é escrever. Escrever bem é pensar bem, é processar bem.

Todos os assuntos podem ser interessantes, pois tudo está conectado. A maior mentira que o mundo massificado nos contou foi que os assuntos devem ser divididos em disciplinas, que o conhecimento deve ser separado em compartimentos, em áreas, em profissões. Mais uma vez estamos vendo que o conhecimento está conectado. Que não dá para enfrentar os atuais problemas com apenas um ângulo de visão. Lembro-me sempre de uma frase do filósofo Popper que diz: "Somos estudantes de problemas, não de disciplinas". Já Feynman dizia que "tudo é interessante quando saímos da superfície".

Os livros alimentam nossas máquinas com histórias. Segundo Roger Schank, inteligência tem a ver com a habilidade de contar as histórias certas na hora certa. Ou seja, nosso entendimento vem da capacidade de relacionar o que nossos sentidos recebem de *inputs* com o que já sabemos. E os livros são chaves nesse ciclo. O potencial criativo de nossas mentes, nossa capacidade de fazer conexões, está diretamente ligado à qualidade da bebida intelectual que consumimos.

Uma famosa frase de Einstein diz que "criatividade é saber esconder bem as fontes". Para Roger Schank também, "não existem ideias realmente novas, o que existe são apenas adaptações, reformulações, adições e mudanças de contexto em ideias já existentes em nossas mentes." Para ele, "ser criativo significa achar e mudar o que nós já sabemos". Ou seja, depende muito da memória. Alcançamos nossas inovações adaptando fragmentos de ideias dos outros, de nossa experiência, de nossos acertos e, principalmente, de nossos erros. Por princípio, tudo é adaptado. Este livro, por exemplo, tem muitas influências de vários pensadores, de várias conversas e de várias frases que mudaram meu entendimento. Até que ponto o conteúdo aqui é meu ou dos outros é difícil de dizer. Procuramos creditar o melhor possível as frases e ideias, mas existem também outras influências, conversas e experiências que me ajudaram a formar uma linha de raciocínio. Talvez a real originalidade de um livro como este, ou de qualquer outro, além de algumas experiências pessoais, esteja na forma como o conteúdo é estruturado, na ordem em que as ideias são costuradas e apresentadas. Na ordem das histórias. Por isso, acredito que nossas máquinas não têm o direito da arrogância criativa. O que criamos também é dos outros que nos influenciaram. Criar é um ato coletivo, mesmo quando acontece em uma mente isolada.

A capacidade de inovar não é um privilégio de nenhuma pessoa ou grupo, mas pode ser desenvolvida por qualquer um. Trata-se de uma capacidade que não pode ser vista pelo exterior. Muitas pessoas, para passarem a ideia de que são inovadoras e criativas, usam roupas coloridas, gravatas diferentes ou meias listradas. Isto pode ser até legal se a pessoa se sentir bem, mas não podemos assumir que há alguma relação com a capacidade criativa delas. Não conseguimos identificar pessoas inovadoras pelo exterior, por idade, por origem ou por qualquer outra característica, mas apenas pela qualidade das suas ideias.

Em qualquer área, os reais inovadores são geralmente os que mantêm uma mente de criança. Que estão sempre imaginando, se perguntando e experimentando o que é possível e impossível. Crianças estão sempre observando, memorizando, testando, errando e, acima de tudo, construindo teorias para entender e aprender mais sobre o nosso complexo e confuso universo. Diante de tantos problemas causados pelo lado negativo de nossas criações, talvez a pergunta mais importante que deveríamos nos fazer quando estivermos criando algo novo ou desenvolvendo uma nova ideia deveria ser "por quê?". Coincidentemente, essa é a pergunta preferida das crianças.

Com toda a evolução digital que estamos presenciando, talvez nossa experiência com os livros possa mudar completamente em breve. O que certamente vai ser difícil para os viciados em livros, os que gostam do cheiro de um livro novo, que passam horas em livrarias, que acham o tópico dos livros o assunto mais interessante sobre os quais se pode conversar em um jantar, os que gostam de adegas de livros. Mas o valor e a importância da leitura não serão substituídos tão cedo. A leitura aumenta nossas chances de aprender sozinho, de fazer adaptações e combinações originais, de construir novas histórias, de pensar melhor e, assim, dizer algo diferente.

ARMADILHA DOS NÚMEROS

O economista e senador Roberto Campos dizia que "o economista deve usar a estatística como um bêbado usa um lampião: como objeto de apoio e não como um objeto de iluminação". Uma frase genial que sempre me vem à cabeça quando vejo pessoas tentando validar novas ideias com números, tentando validar uma visão de futuro com probabilidades. É claro que buscamos minimizar os riscos do desenvolvimento de uma nova ideia, mas devemos sempre ter em mente que a certeza absoluta nós nunca iremos encontrar.

A educação massificada que recebemos nos fez dependentes de números. Ficamos muito bons em medir as coisas, em calcular as chances, em mensurar as variáveis. Há pessoas que só acreditam em algo após verem um valor ou um sinal de percentagem ao lado. Criamos máquinas e sistemas fantásticos para nossos cálculos. Nossa mente, porém, a máquina mais avançada que conhecemos, não funciona assim. Não tomamos nossas decisões do dia a dia pensando em probabilidades, somos muitas vezes inconsistentes e incoerentes, pois para tomar uma decisão usamos a razão, mas também usamos emoção. Nossas emoções, o tão falado *feeling*, têm muita influência em nossos processos cognitivos. Nossas emoções são um tipo de cola que ajuda registrar melhor nossas experiências, ajudam a marcar o que aprendemos, e por isso somos influenciados por elas quando tomamos nossas decisões. Nossa visão de futuro também é influenciada pelo nosso estado emocional. Quando inovamos, criamos algo novo, estamos imaginando uma visão de futuro, dependente de nossas emoções. Empreendedores e inovadores sabem o peso que a atitude e motivação possuem em suas realizações. Muitas vezes, a força emocional, a tranquilidade e o otimismo podem superar o lado racional e técnico, tanto em desafios individuais quanto coletivos.

A classificação de algo como inovador ou não depende de outra mente, que para tomar decisões utiliza, em diferentes proporções, informações quantitativas, com valores passíveis de serem medidos, e também informações qualitativas, com valores muito difíceis, ou até impossíveis, de serem mensurados. O que gostaria apenas de ressaltar é que os números funcionam melhor quando sabemos o que medir, mas em inovação, na maioria das vezes, não conhecemos todas as variáveis, e não fazemos a menor ideia do que e de como medir as coisas.

Muitas ideias inovadoras e empreendedoras foram exatamente contra as probabilidades. Aconteceram por ações às vezes até irracionais e teimosas, como o incansável engenheiro inglês, James Dyson, que só conseguiu fazer funcionar sua ideia de um novo aspirador de pó depois de cinco anos e milhares de tentativas e que, contrariando todas as pesquisas e previsões, sozinho, bateu várias gigantes multinacionais. Dyson também parece acreditar que é o teste que nos faz evoluir. Como ele mesmo diz, "aproveite o fracasso e aprenda com ele. Você não poderá aprender com o sucesso."

É importante ficar claro que não estou dizendo que números e estatísticas não são importantes, estou apenas indicando que para iluminar novas ideias e produzir conexões originais, eles podem ser uma armadilha. Para inovar temos que aprender a explorar o desconhecido, imaginar, fazer expectativas. O princípio do falsificacionismo desenvolvido pelo filósofo Popper (a drástica ideia de que por maior que seja o número de observações verdadeiras que tenhamos de nossas hipóteses, e uma tentativa de inovação é uma hipótese, jamais iremos prová-la verdadeira e apenas uma observação negativa é capaz de prová-la falsa) é, na verdade, uma teoria de inovação. A construção de hipóteses requer uma visão ampla e sem preconceitos – um caminho genial pode se tornar banal e um caminho banal pode se tornar genial.

Nos capítulos anteriores, tocamos (de forma indireta e misturando em histórias) em vários pontos que podem nos ajudar a preparar nossas mentes para nos tornarmos mais inovadores. Sugerimos maior atenção com as perguntas do que com as respostas, vimos que o complexo e o simples são na verdade a mesma coisa e que para encontrar o simples temos que mergulhar no complexo; falamos sobre a importância do debate crítico e outras indicações contadas em formato de conversa, sem receita. Na verdade, é assim que acontece em inovação, as informações-chave estão fragmentadas, jogadas em histórias que se encaixam. Transformando tudo em uma grande conversa, tudo fica costurado. Sei que esse formato deve ser frustrante para os que querem as respostas, as definições, as provas dos números e *cases* que "comprovem" que o risco estava calculado. Mas o novo é incerto. Tem que ter coragem de mergulhar sem mapa. Nossas mentes são o único bote salva-vidas desse mergulho. Eu acho que quando Einstein disse a famosa frase "imaginação é mais importante que conhecimento" ele estava querendo dizer: olhem! Foi a minha imaginação, minhas perguntas, minha mente de criança e meu criticismo que me iluminaram, que me fizeram alcançar ideias inovadoras.

Para inovar temos que saber conviver com contradições, o que não é fácil para os que foram treinados para validar tudo com números. Se queremos realmente inovar temos que ver contradições de forma diferente. A inovação acontece quando vencemos as contradições, quando achamos algo que incorpora aparente opostos, por exemplo, algo que é resistente e leve ao mesmo tempo; avançado tecnologicamente e fácil de usar; belo e barato, etc. Na verdade, quando inovamos não devemos nos colocar em uma posição de ter que escolher entre boas opções. Inovadores não gostam de bifurcações, pois se os dois caminhos, se as duas opções forem boas, eles sabem que a solução será uma terceira opção que combine o melhor delas.

Claro que para explorar e navegar no intelectualmente desconhecido é preciso de liberdade. É necessário liberdade para arriscar. Os verdadeiros projetos de inovação não podem ter muita rigidez no resultado esperado. Se tudo já está claro e já se sabe onde e como vai se chegar a respostas, não existe espaço para inovação. É necessário liberdade para testar o que se tem como verdade, e colocar tudo sob questionamento, sob suspeita. E, às vezes, por mais insignificante que seja um detalhe, uma informação, tudo tem que ser considerado pois pode alterar todo o modelo que se tem do problema. Por isso, as organizações em que a hierarquia e autoridade predominam têm maior dificuldade para explorar e inovar.

Uma versão mais sofisticada da armadilha dos números é a armadilha da pesquisa. Da mesma forma, sabemos que as pesquisas são importantes, fundamentais para a inovação. As pesquisas, porém, mesmo as qualitativas e etnográficas, não podem ser vistas como garantias de inovação. Muitas pessoas e organizações utilizam a poderosa ferramenta da pesquisa para buscar respostas inovadoras. Entrevistam potenciais usuários como se os entrevistados soubessem precisamente o que desejam. Mas o real valor das pesquisas está exatamente no contrário, em saber o que incomoda, o que não é satisfatório e o porquê disso, em entender todos os fatores do problema. E mesmo que uma informação seja aparentemente irrelevante, ela deve ser considerada mesmo que apareça em 1% dos casos, ela pode ser útil como um fragmento para uma ideia e, em alguns momentos, pode levar a uma solução que venha a revolucionar o mercado. Mas a resposta sempre está na mente de quem observa um fato, e não no fato em si. Por isso, quem faz a pesquisa muitas vezes é mais importante do que a amostragem que se tem. Até o momento, na exploração do desconhecido, as conexões acontecem mesmo em nossas mentes. Quer estejamos bêbados ou sóbrios, como na frase do Roberto Campos, nossa mente é o único objeto de iluminação.

O MUNDO DE CABEÇA PARA BAIXO

Quando olhamos para ideias e soluções diferenciadas, ou criativas (outro nome para diferenciação), não percebemos o processo mental que nos levou àquele caminho, àquela resposta. O que observamos é a própria resposta, a tangibilização, a concretização de algo diferente. Ficamos muito perto do resultado, e raramente buscamos entender a lógica que direcionou aquela solução. Essa lógica, porém, é a chave para tudo. Boas diferenciações acontecem quando o problema é entendido de forma diferente, de forma mais profunda. Para alcançarmos diferenciação temos que ver a questão sob uma nova perspectiva. Temos que ver o todo sob um outro ângulo.

Alguns anos atrás, fui com minha família morar na Nova Zelândia, na Ilha do Sul, em uma cidade chamada Dunedin. Uma fantástica experiência de vida em um lugar lindo e bem distante do eixo das Américas a que estávamos acostumados. O filósofo Popper, que também morou naquele país, costumava dizer que a Nova Zelândia ficava depois da Lua, para demonstrar o quão distante ele se sentia lá. Ao olhar a cidade que morávamos em um mapa-múndi clássico, verificamos que ela está localizada no "fim" do mundo, lá embaixo, depois da Austrália, no final da Ilha do Sul da Nova Zelândia. Um pouco mais abaixo já vem a Antártida. Mas ao chegarmos lá, encontramos um mapa do mundo diferente: tratava-se de um mapa do mundo de "cabeça para baixo"; um mapa completamente invertido onde Dunedin aparecia, na verdade, como uma das "primeiras" cidades do mundo. Alguém deve ter se perguntado: por que temos que ser a última cidade ou o último país no mapa? O mundo é uma esfera, podemos vê-lo de várias maneiras, por que não mostrar um mapa de um ângulo que nosso país apareça em primeiro?

Esse é um bom exemplo de quebra de convenções para entender o contexto de uma maneira diferente. Feynman costumava dizer que deveríamos sempre ver o mundo de outra perspectiva, ele sugeria que pensássemos em situações hipotéticas. Que nos colocássemos no lugar de marcianos, por exemplo, como pessoas de outro planeta, e pensássemos o que eles achariam de uma determinada situação ou problema. Em outras palavras: inovações radicais vêm quando nossa perspectiva inicial é radicalmente diferente.

Para isso, é claro, não podemos ficar preocupados com o que os outros vão pensar. Há um livro sobre uma história de Feynman em que o próprio título traduz essa ideia. Chama-se *What do You Care What Other People Think?* Muitas vezes, em nossas interações, em nosso aprendizado intelectual, ficamos tímidos ou receosos de fazer uma pergunta ou um comentário, pois ficamos pensando: o que os outros vão pensar? Mas se estivermos interessados em inovar não podemos deixar nossas mentes algemadas dessa forma. Na maioria das vezes, as perguntas aparentemente mais primárias ou absurdas são as mais importantes, e não podemos deixar de fazê-las por timidez. Ingenuidade intelectual é um dos requisitos para inovação.

Nossas mentes não usam apenas um método para adquirir conhecimento e gerar ideias. Não existem receitas, não existem regras. Às vezes, partimos nossa análise do todo em direção às partes; às vezes, das partes para o todo; às vezes, partimos de experiências e observações para induzirmos conclusões gerais; às vezes, o contrário, deduzimos o específico a partir de conceitos gerais; outras vezes partimos de formulações concretas para formulações mais abstratas, ou o contrário. O importante é estar sempre alimentando nossas máquinas com a matéria-prima do conhecimento. Quanto mais diversificado melhor, pois o pensar diferente vem das conexões. O importante é a exposição a uma variedade de disciplinas. Quanto mais soubermos sobre mais coisas, melhor. Quem deseja inovar deve sempre procurar o caminho mais difícil para o treinamento intelectual e evitar as zonas de conforto.

No mergulho intelectual ao desconhecido precisamos estar atentos a dois riscos. O primeiro é o que chamamos de falsos picos. Ou seja, ficamos tão ligados a um fato ou a uma informação que achamos que esse fato é a resposta e deixamos de observar outras informações. Não percebemos que o maior pico está logo ao lado. Para inovar é importante também aprender a descartar, pois se ficarmos presos a alguma parte, perdemos a visão do todo. É necessário persistência com o problema, mas não insistência em caminhos improdutivos.

O outro risco é o de ficar atordoado ou em estado de confusão ao lidar com muita informação. É bastante fácil paralisar diante da diversidade de *inputs*. O processo de descoberta é semelhante a montar um quebra-cabeças: quando olhamos muito de perto para algumas peças perdemos a noção do todo e não conseguimos avançar; e quando olhamos para todas as peças de uma vez e não temos paciência para buscar as pistas certas, não conseguimos dar início à montagem. A busca pela diferenciação é, por assim dizer, uma busca estratégica. E como diz o legendário samurai japonês Miyamoto Musashi, "em estratégia, é importante ver o que está distante como se estivesse perto e ver o que está perto de longe". No processo de desenvolvimento de novos conceitos, muitos encontram problemas porque não sabem quando olhar para o todo e quando olhar para as partes. E ficam presos a detalhes das partes quando deveriam estar olhando para o conceito maior ou, ainda, ficam no nível conceitual durante uma fase de detalhamento. Alinhar esses momentos é um dos maiores desafios quando se trabalha em equipe.

Tão importante quanto alcançar ideias diferenciadas é defendê-las de uma forma estruturada, lógica e clara. Um bom caminho de inovação pode ser prejudicado se sua defesa não for adequada. Da mesma forma, uma ideia fraca pode ser imensamente reforçada com uma construção adequada. Não é preciso dizer que o melhor mesmo é quando um bom conceito é bem defendido e bem apresentado. Construir e defender um conceito diferenciado é como compor uma música, requer uma introdução, um ritmo, um ápice e um fechamento. Quanto mais a lógica das conexões usadas em uma nova ideia for transparente, mais claro será seu entendimento. A defesa de um caminho de inovação pode ser dividida em dois grandes momentos. O primeiro refere-se à explicação do problema, da necessidade. Antes de apresentar uma resposta, é fundamental que o problema esteja claro, que a audiência compreenda todos os detalhes da problematização. Trata-se da fase de preparação, da construção de expectativa para o próximo e último momento – a proposição. É quando o conceito, o caminho de solução é introduzido, é o ápice da música. Esse momento tem que ser extraordinário, o racional e o emocional têm que responder a todos os pontos levantados na introdução e na problematização, e devem explicar, da forma mais simples possível, a linha de raciocínio usada. Ideias chegam por um caminho intelectual, racional, e é exatamente por essa história que a ideia será julgada. Por isso, uma boa história de diferenciação é aquela que deixa claro o caminho intelectual usado, as conexões que foram feitas, em que teses e evidências são colocadas como uma sequência de notas em uma música.

O fator mais determinante para uma mente se tornar uma máquina de inovação eficiente é a sua capacidade de síntese. Esse é o verdadeiro superpoder dos inovadores. Conseguir escolher os ingredientes certos, processá-los e apresentá-los da maneira correta para solucionar e causar surpresa é a essência da atitude inovadora. Algo que, como em qualquer outra atividade, pode ser alcançado com o treinamento. A experiência com exercícios de síntese faz nossas máquinas de inovar executarem isso com naturalidade, automaticamente, de forma inconsciente.

A busca por diferenciação representa um intenso processo intelectual, nossas máquinas são usadas ao limite quando estão criando. Mas a recompensa é igualmente intensa. O prazer que sentimos quando resolvemos um problema e satisfazemos nossa curiosidade é algo contagiante. Nossas máquinas têm enorme prazer em descobrir, conectar e explicar coisas. Algo que pode se tornar um vício. Nossas mentes adoram esses desafios intelectuais, foram feitas para isso. Trata-se do trabalho dinâmico e adaptativo de construção de mapas, mapas que nos ajudam a explicar e criar o mundo à nossa volta. Assim, com uma boa dose de curiosidade, humildade e rebeldia intelectual, nossas mentes podem fazer coisas realmente surpreendentes.

INOVAÇÃO EM ORGANIZAÇÕES

Até aqui, lidamos com a busca pela diferenciação sob o ponto de vista individual. Os desafios e caminhos que nossas mentes usam para explorar o desconhecido na busca por inovações. Mas agora eu gostaria de focar no aspecto coletivo. Quando nossas máquinas trabalham em grupo. Gostaria de ressaltar a luta por diferenciação sob a perspectiva das organizações. Quais são os desafios e quais são caminhos que uma organização pode utilizar para alcançar inovações? Iremos usar o termo organização para representar uma empresa, um time de futebol ou qualquer outro coletivo de mentes que está inserido em um contexto de desafio.

Uma organização é um agente complexo, uma entidade viva. Cada setor, cada grupo, é parte de um ecossistema. Alguns ecossistemas são mais competitivos que outros, mas, em geral, uma organização está sempre fazendo algo para sobreviver. E, nesse sentido, a diferenciação é o único caminho para uma vantagem competitiva. Por isso, inovação é algo desejado por praticamente todas as empresas. Inovação representa a prova dessa vantagem, o resultado positivo de uma tentativa de diferenciação. Recentemente, em uma entrevista sobre esse tema, uma repórter me fez a seguinte pergunta: quando uma empresa sabe quando deve inovar? O que me levou a responder com outra pergunta: como uma empresa pode achar que não precisa inovar?

A busca por inovação é algo tão importante que deve ser pensado todos os dias. E não apenas quando a sobrevivência está ameaçada, como na maioria dos casos. Uma empresa que não busca se diferenciar pode ser comparada a uma espécie natural que não evolui, em que os mecanismos naturais de evolução (mutação, cruzamento e seleção) não estão funcionando. Seria como uma espécie estática, animais que não evoluem. E assim, quando as condições do contexto mudassem, elas ficariam vulneráveis, não resistiram, pois não conseguiriam se adaptar. Isso, é claro, não acontece no mundo animal, mas estranhamente acontece no mundo das organizações. Ainda existem empresas estáticas, que acreditam que as condições não mudam tanto assim, e que se elas sobreviveram bem até agora, continuarão sobrevivendo.

As condições, porém, estão mudando drasticamente, e o ritmo dessas mudanças é cada vez mais acelerado. Estamos em meio a uma revolução sem precedentes, o mundo industrial – exploratório e irresponsável – já convenceu um suficiente número de pessoas de que esse não é um caminho viável. Sinais de uma mudança drástica já são encontrados na economia, nas relações sociais e na maneira como entendemos o mundo natural. Vivemos em um momento equivalente a uma mudança glacial, onde apenas as organizações mais adaptadas irão conseguir sobreviver. E, quer seja no mundo natural ou no mundo das organizações, inovações são sempre respostas adaptativas.

Apenas falar sobre inovação certamente não faz a inovação acontecer. Somos ótimos em inventar e repetir termos. Repetimos tantos jargões ao ponto de ficarmos discutindo problemas verbais e nos esquecemos do que realmente é importante. Mas, na essência, esses conceitos são muito simples. Facilmente reconhecemos uma inovação. É muito fácil de entender o que é inovação; difícil é fazê-la acontecer coletivamente. Com a extrema competição e quantidade de mudanças, os desafios estão ficando cada vez maiores. É muito difícil uma mente alcançar inovações sozinha. A quantidade de fatores e variáveis é cada vez maior e, por isso, precisamos cada vez mais trabalhar melhor em grupo.

Para tentar descrever tudo isso de forma simples, eu gostaria de dividir em dois níveis os desafios enfrentados pela organização que busca a inovação. Um nível estratégico e um nível operacional. Como o próprio nome indica, o nível estratégico refere-se aos assuntos que irão guiar a organização. Trata-se dos valores e da direção que a organização, a comunidade de mentes, irá seguir. Não existe uma regra clara para emergência desses direcionadores, dessas regras de controle em uma organização. Há empresas com uma liderança mais definida que assume o trabalho de construir e comunicar a estratégia. Atua como uma mente da comunidade de mentes. Há, porém, empresas em que a construção é mais distribuída, e os agentes têm mais autonomia na definição das estratégias e dos controles. Comportamentos aparentemente sofisticados como, por exemplo, a sincronia de um cardume de peixes ou uma revoada de pássaros, podem emergir com simples regras de proximidade e atração que cada agente respeita. Ou seja, se os agentes perceberem vantagens no agregado e respeitarem certas regras, eles podem fazer emergir padrões extremamente sofisticados. Isso é evidente também em equipes esportivas. Um time de futebol formado pelos melhores jogadores de um campeonato não será, necessariamente, o vencedor. O que observamos com frequência são equipes, muitas vezes inferiores tecnicamente, mas com jogadores alinhados em uma estratégia adaptada a suas realidades e às realidades do contexto, vencendo os campeonatos e se surpreendendo com a própria performance.

Quer sejam construídos por uma liderança de forma mais hierárquica ou de forma distribuída aos membros, direcionadores estratégicos são fundamentais para uma organização vencer os desafios. Mais do que os jargões, missão, visão e valores, a filosofia da organização tem que ser clara. Muitas empresas não conseguem inovar ou por que a liderança é incapaz de construir esses direcionadores estratégicos, ou por que quando os constroem eles não são vistos como verdadeiros, ou, ainda, por que mesmo quando a estratégia existe ela não é comunicada com clareza para o restante da organização. Essa estratégia, porém, precisa ser dinâmica, precisa ser revisitada sempre. Nada pode se transformar em dogma. Trata-se da navegação em mares agitados e desconhecidos. O vento muda constantemente e os direcionadores e os controles precisam ser ajustados.

Uma organização inovadora é uma organização dinâmica, que possui um norte, mas que é flexível quanto ao caminho para alcançá-lo. Há momentos em que a hierarquia é necessária, em que os líderes que decidem são bem-vindos, e há momentos em que a hierarquia é prejudicial, em que a organização não precisa de líderes e os membros precisam de autonomia para construção coletiva.

O desafio do nível estratégico para as organizações de hoje é vencer os dogmas, o jogo político, as regras pré-estabelecidas e desenvolver a capacidade de entender o presente e pensar o futuro. O caminho para enfrentar os desafios do nível estratégico é o trabalho na cultura da organização. Uma cultura de inovação é uma cultura de adaptação criativa.

São fundamentais o alinhamento nos objetivos, o comprometimento e a humildade para testar as próprias ideias. Meritocracia deve ser a regra para a evolução profissional das mentes. O desafio do plano estratégico é realmente alinhar da melhor forma possível a organização para um nível de comprometimento em que todos entendam as vantagens do agregado a ponto de elevar o nível de adaptabilidade da organização. Uma organização inovadora é uma organização fluida, flexível, que se adapta rapidamente a uma nova situação, um alinhamento que faz o todo alcançar mais que a soma das partes.

Mas além dos desafios estratégicos existem também os desafios do nível operacional. Trata-se das etapas, dos fluxos, dos processos e das ferramentas que a comunidade de mentes da organização usa para fazer a inovação acontecer. Não existe um fluxo único para as etapas de um processo de inovação. Tudo vai depender da cultura e da estratégia de cada organização. Cada organização precisa desenvolver seu próprio processo; importar receitas prontas é o caminho certo para problemas futuros.

A sequência das atividades em um processo de inovação não acontece de maneira linear. Trata-se de processo em que o entendimento do problema acontece paralelamente à sua solução. Um processo de coadaptação, dinâmico e cíclico, e que na sua essência envolve atividades de pesquisa, analise e síntese. O objetivo da pesquisa é entender, da melhor forma possível, o contexto e as variáveis do problema. Representa uma etapa de imersão, de coleta de fatos e evidências. Para isso é necessário olhar em todas as direções. Para trás, para verificar quais são as tendências; para o lado, para descobrir situações similares em outros contextos; para frente, e especular futuros cenários e, principalmente, para as pessoas, para saber suas necessidades e seus desejos. Essa é uma atividade de monitoramento e deve ser algo constante em uma organização. A primeira missão de um departamento de inovação em qualquer organização é monitorar o presente.

Muita informação é capturada por meio dessas atividades de pesquisa, e toda essa matéria-prima precisa ser trabalhada e transformada em conhecimento. O que nos leva a outra etapa – a análise. A hora de fazer sentido, de modelar, de conectar tudo para explorar alternativas. Isso, é claro, exige muito de nossas mentes e, consequentemente, exige uma extrema coordenação por parte das organizações. Explorar caminhos de inovação coletivamente não é algo fácil. Se o grupo for formado apenas por mentes muito parecidas e alinhadas o debate pode sofrer com a falta de diversidade. Mas quando o grupo possui mentes com experiências e perspectivas muito diferentes, o debate fica rico, porém, exigirá mais coordenação para chegar a um alinhamento comum. A fase analítica envolve a construção de hipóteses, da transformação do conhecimento em vantagem, em diferencial. Uma vez atingidos um caminho, uma hipótese, uma estratégia, entra-se em uma fase de síntese e implementação. Trata-se da concretização dessa vantagem. Da transformação da vantagem em oferta. Todas estas fases são igualmente importantes e interativas. Há processos de inovação que partem de um problema ou necessidade em direção a uma solução, e outros, de forma contrária, vão de uma solução para a identificação de uma necessidade. Às vezes, durante uma fase de síntese ou implementação, descobre-se a necessidade de mais informações e então volta-se a uma fase de pesquisa.

Existem ferramentas que podem ajudar as organizações nesses desafios operacionais da inovação. Geralmente essas ferramentas, digitais ou não, são orientadas para facilitar a obtenção, visualização e manipulação de informações durante o processo. Nem todas as organizações, porém, estão prontas para usar essas ferramentas. Muitas empresas se enganam com a real função dessas ferramentas e muitas mentes começam a assumir menos responsabilidade com todo processo, como se usar a ferramenta de forma correta pudesse garantir inovação. O uso de ferramentas deve ser sempre entendido como suporte, como apoio. Como meio e não como fim. Nunca podemos nos esquecer que, até então, as únicas máquinas de inovação são nossas mentes. Por isso, acredito que a área organizacional mais importante para ajudar uma empresa a alcançar a inovação não é a área de tecnologia, mas a área de recursos humanos. Mas é evidente que o melhor mesmo é usar todos os recursos, as pessoas, os processos e a tecnologia da melhor forma possível, pois o desafio da diferenciação é grande.

Os desafios do nível estratégico são tão importantes quanto os desafios do nível operacional. Em muitas empresas, departamentos entram em conflito quando acham que um ou outro é mais importante. Como os desafios do nível operacional são mais tangíveis, é comum as empresas colocarem a maioria dos recursos nos desafios do implementar, nas ferramentas, nas máquinas e não nos assuntos estratégicos e de inteligência. E, assim, ficam muito boas no 'como fazer', mas fracas no 'para quem', 'por que', 'o que' e 'quando' fazer.

Uma cultura organizacional orientada para uma adaptação inovadora pode fazer uma organização alcançar qualquer objetivo. Uma organização inovadora é uma organização que funciona como uma mente. Unidades, ou departamentos especializados, agindo com um controle central para monitorar, auto-organizar, adaptar e aprender a navegar em complexidade. A luta pela diferenciação é uma luta dinâmica, que nunca acaba, um jogo que não tem fim. Organizações travando constantes batalhas pela sobrevivência em um contexto cada vez mais mutável, e onde a única garantia de sucesso, a única defesa, é conseguir se adaptar e aprender mais rápido do que os outros.

Conhecimento é a chave para abrir as portas da inovação. E é diretamente ligado com a qualidade de nossas fontes e do treinamento intelectual em que nos colocamos. Para inovar, uma empresa necessita criar um ambiente certo, uma cultura certa para inspirar as pessoas e potencializar suas mentes a atingir todo o seu potencial. Não adianta comprar máquinas, processos, sistemas, e não trabalhar o indivíduo. Trata-se da tarefa mais importante para os líderes de hoje. Em inovação não existem fórmulas. Antes de criar as inovações, precisamos criar os inovadores.

MÁQUINAS DO BEM

Há mais um ponto que gostaria de tratar antes de encerrar essa reflexão sobre nossas máquinas de inovar. Trata-se da questão dos valores. Algo que não poderíamos deixar de analisar. Gostaria de explorar aqui alguns pontos em relação às difíceis questões da ética e da nossa responsabilidade criativa. Esses são os temas principais do meu primeiro livro, *O Designer Humilde: Lógica e Ética para Inovação*, e que aqui volto a abordar.

Certa vez, vi um simples desenho feito por uma criança que me marcou muito. O garoto deveria ter entre 5 e 6 anos e, após realizar uma atividade de desenho, bem concentrado, explicou para o grupo de adultos o que havia acabado de criar. Tratava-se, segundo ele, da "máquina do bem": era um desenho de uma grande máquina, cheia de controles e botões, com uma esteira na entrada e outra na saída, e nas esteiras havia uma fila de pessoas. De acordo com o garoto, a operação da máquina era bastante simples: seu plano era colocar todas as pessoas más do mundo na máquina do bem e elas seriam transformadas em pessoas boas. O garoto não explicou muito mais sobre o funcionamento da máquina, mas o desenho era, ao mesmo tempo, inocente e profundo. Já faz vários anos que vi esse desenho, mas a beleza da ideia de uma 'máquina do bem' eu nunca esqueci. É interessante ver esse tipo de preocupação em um garoto, pois é um tipo de reflexão que acontece geralmente em pessoas com idade mais avançada. Pois essas são as grandes questões fundamentais do "para que" e do "por que", da relação entre o bem e o mal; entre o prazer e o sofrimento; entre o saber e a ignorância, questões ligadas à virtude das nossas ações; as questões de significado.

Em sua autobiografia, publicada pela primeira vez em 1967, o já famoso filósofo e matemático, Bertrand Russell, resume sua longa vida em três simples e fortes paixões: a procura pelo amor, a busca por conhecimento e a insuportável dor pelo sofrimento da humanidade. Russell é um exemplo de mente que tratou das questões operacionais da vida. Ele era multidisciplinar e seu trabalho em lógica simbólica é uma das fundações da computação moderna. Ou seja, suas ideias possibilitaram a criação de todo o mundo digital em que vivemos. Mas ele não teve medo de navegar pelas difíceis questões da ética; foi também um respeitado pacifista e recebeu o prêmio Nobel por seu significativo trabalho em defesa de ideais humanitários e de liberdade de pensamento. Russell nasceu em 1872 e faleceu em 1970. Viveu 97 anos e acompanhou drásticas mudanças sociais e tecnológicas. Em uma entrevista em 1959 na BBC, Russel foi questionado por um jornalista: suponhamos que este vídeo seja visto por futuras gerações. Que mensagem o senhor gostaria de deixar sobre a vida que viveu e as lições que aprendeu? E, então, o magnífico pensador disse que gostaria de deixar apenas duas coisas, uma intelectual e a outra moral. A primeira: quando estivermos estudando qualquer assunto ou considerarmos qualquer filosofia, sempre devemos nos perguntar quais são os fatos e em que direções eles apontam, sem nos deixar levar pelo que nós gostaríamos de acreditar. E quanto à questão moral, o filósofo diz que é muito simples: "o amor é sábio e o ódio é tolo". E segue dizendo que neste mundo cada vez mais próximo e interconectado devemos aprender a tolerar, devemos aceitar que outros possam dizer algo que não gostamos. E que, se quisermos viver juntos, e não morrer juntos, devemos aprender sobre caridade e tolerância. Algo para ele vital para continuidade da espécie humana. Ou seja, o filósofo aponta para "apenas" dois caminhos. Um é a base do pensamento científico, com origem nas ideias e na honestidade intelectual de Sócrates e de seus predecessores, como demonstra Popper em seu livro, *The World of Parmenides*. E o outro, o caminho da tolerância, de conduta, de valor.

Russell era um famoso ateísta. Mas as difíceis e profundas questões de significado são também o objeto de estudo de várias religiões e crenças. Lembro-me de dois livros da Bíblia que marcaram muito minha caminhada intelectual, os quais eu li por volta dos 16 anos. Falo dos livros de Provérbios e do Eclesiastes. Recordo que ambos foram escritos pelo rei Salomão, e o meu interesse em lê-los veio do fato de ter escutado, na época, que Salomão foi o homem mais sábio que já existiu. O tema do livro de provérbios é exatamente como conseguir a sabedoria para entender as palavras de inteligência. Nele, Salomão exalta a sabedoria, mostra suas vantagens e faz uma série de advertências para se evitar o caminho do mal. Em Provérbios, Salomão parece estar empolgado e otimista. Mas, estranhamente, em Eclesiastes, Salomão parece estar mais profundo e pessimista, para ele tudo é vaidade. E logo no início do livro ele se pergunta: que proveito tem o homem de todo o seu trabalho? Ele segue mostrando que a vida tem atribulações, que existe um tempo certo para tudo, que moderação e prudência são coisas boas e sábias, que riquezas são vaidades e, no fim, o mais surpreendente, ele diz que até escrever muitos livros é vaidade. Que até a sabedoria é vaidade, pois no final tudo cai no esquecimento, e assim como morre o tolo, morre também o sábio. Era como se, depois de uma vida inteira, ele tivesse olhado e concluído que, intelectualmente, tudo é vaidade.

Nessa mesma linha, o famoso pregador americano Billy Graham falava que o problema não é a tecnologia, o problema é quem usa a tecnologia, o problema está no homem. Para ele a grande pergunta é: como podemos mudar o homem? Realmente, presenciamos grandes avanços do conhecimento convivendo com atrocidades, violência e falta de tolerância, presenciamos o uso de nossas mentes tanto para o bem quanto para o mal. Lembro de uma frase, que acredito ser do pintor espanhol Pablo Picasso, que dizia algo nesta direção: "se quisermos pintar algo perfeito, primeiro tornemo-nos perfeitos e depois pintemos naturalmente". Ou seja, de alguma forma, essas questões de significado passam pelo plano individual. Wittgenstein, quando perguntado por um estudante sobre o que fazer para melhorar o mundo, respondeu: "apenas melhore você mesmo, esta é a única coisa que você pode fazer para melhorar o mundo".

Podemos chegar a essas importantes questões por vários caminhos e certamente não encontraremos as repostas tão rápido. Mas a mensagem que eu gostaria de deixar após esta breve reflexão é uma mensagem de equilíbrio, humildade e gratidão. Equilíbrio porque é a diversidade que nos faz fortes como espécie e como pessoa. Qualquer forma de elitismo é prejudicial, tanto em populações quanto em mentes. Conviver com situações e pessoas diferentes nos faz mais fortes e ajuda nossas máquinas de inovar a ficarem mais robustas, adaptáveis para diferentes problemas. Russell dizia que, em sua experiência, "o nosso trabalho nunca é tão mau como nos dias maus e nem tão bom como nos dias bons".

Ao mesmo tempo, isso nos ensina sobre humildade. Tanto humildade intelectual quanto humildade espiritual. Diante de tanta complexidade e incerteza não temos porque ficar arrogantes. Ciência nos ensina sobre humildade intelectual, sobre o quanto não sabemos. Eu acredito fortemente que 'pose' é algo percebível. Que as melhores apresentações, por exemplo, são aquelas feitas sem pretensão, em que o apresentador não age como se soubesse mas apenas comunica, sem truques retóricos, o que sabe e o que não sabe. Que a honestidade intelectual e naturalidade conferem um tipo de autoridade visível.

E, por último, precisamos celebrar a beleza de nossas mentes e refletir sobre o impacto de nossas criações. Sempre com otimismo, precisamos deixar nossos processos de criação mais próximos do processo usado pela evolução natural, em que as espécies evoluem continuamente por meio de pequenas – e aparentemente insignificantes – mudanças, usando e reusando cada molécula existente, sem desperdício, sem lixo. Precisamos criar ciclos fechados para nossas criações e ver a obsolescência realmente como uma forma de crime.

Definitivamente, nossas máquinas não foram feitas para autodestruição, mas são um dos mais sofisticados produtos do processo de inovação da vida. Precisamos rever sempre nossas escalas de valores para inovar a maneira que vivemos e, assim, buscar forças para usar nossas mentes para virtude e não para o caminho destrutivo do vício. Cuidemos bem de nossas máquinas e usemos todo o seu potencial, para o bem de todos e de tudo. Sem medo, sem fórmulas, sabendo que o único risco é o de ser superficial.

LEITURAS SUGERIDAS

ALEXANDER, C. *Notes on the synthesis of form.* Cambridge: Harvard University Press, 1964.

BEZERRA, C. *O designer humilde: lógica e ética para inovação.* São Paulo: Rosari, 2008.

BEZERRA, C.; OWEN, C. L. Evolutionary structured planning: a computer-supported methodology for the conceptual planning process. In: GERO, J. S. (Ed.). *Artificial intelligence in design '00.* Dordrecht: Kluwer Academic, 2000. p. 287-307.

EDMONDS, D.; EIDINOW, J. *Wittgenstein's poker:* the story of a ten-minute argument between two great philosophers. New York: Harper Collins, 2001.

FEYNMAN, R. P. *No ordinary genius:* the illustrated Richard Feynman. New York: Norton, 1994.

FEYNMAN, R. P. *The meaning of it all*: thoughts of a citizen scientist. Reading: Perseus Books, 1998.

FEYNMAN, R. P. *The pleasure of finding things out*: the best short works of Richard P. Feynman. Cambridge: Perseus Books, 1999.

FEYNMAN, R. P. *What do you care other people think?*: further adventures of a curious character. New York: Norton, 1988.

GELL-MANN, M. *The quark and the jaguar*: adventures in the simple and the complex. New York: W. H. Freeman, 1994.

HILLIS, W. D. *The pattern on the stone*: the simple ideas that make computers work. New York: Basic Books, New York, 1998.

HOLLAND, J. H. *Adaptation in natural and artificial systems*: an introductory analysis with applications to biology, control, and artificial intelligence. Ann Arbor: University of Michigan Press, 1975.

HOLLAND, J. H. *Emergence*: from chaos to order. Reading: Addison-Wesley, 1998.

HOLLAND, J. H. *Hidden order*: how adaptation builds complexity. Reading: Addison-Wesley, 1995.

LARVOR, B. *Lakatos*: an introduction. London: Routledge, 1998.

LEITNER, B. *The wittgenstein house*. New York: Princeton Architectural Press, 2000.

MINSKY, M. L. *The society of mind*. New York: Simon and Schuster, 1988.

MONK, R. *Ludwig Wittgenstein*: the duty of genius. New York: Free Press, 1990.

OWEN, C. L. *Design for integrity*. Illinois: Institute of Design; Illinois Institute of Technology, 1993.

POPPER, K. R. *All life is problem solving*. London: Routledge, 1999.

POPPER, K. R. *Conjectures and refutations*: the growth of scientific knowledge London: Routledge, 2002.

POPPER, K. R. *The myth of the framework*: in defence of science and rationality. London: Routledge, 1994.

POPPER, K. R. *The open society and its enemies*. London: Routledge, 2003.

POPPER, K. R. *The world of Parmenides*: essays on Presocratic enlightenment. London: Routledge, 1998.

POPPER, K. R. *Unended quest*: an intellectual autobiography. London: Routledge, 1992.

RUSSELL, B. *Autobiography*. New York: Routledge, 1998.

RUSSELL, B. *On education*. London: Routledge, 1994.

SCHANK, R. C. *Dynamic memory revisited*. Cambridge: Cambridge University Press, 1999.

SCHANK, R. C. *Tell me a story*: a new look at real and artificial memory. New York: Scribner, 1990.

SIMON, H. A. *The sciences of the artificial*. 3. ed. Cambridge: MIT Press, 1996.

VOGEL, S. *Cats' paws and catapults*: mechanical worlds of nature and people. New York: Norton, 1998.

WITTGENSTEIN, L. *Philosophical investigations*. London: Basil Blackwell & Mott, 1958.

WITTGENSTEIN, L. *Tractatus logico-philosophicus*. New York: Humanities Press, 1961.

AGRADECIMENTOS

Escrever um livro como este é, ao mesmo tempo, um exercício solitário e coletivo. Solitário porque é preciso muita persistência para conseguir costurar ideias e criar uma conversa consigo mesmo em meio a tantas atividades e projetos do dia a dia. Mas também é um exercício coletivo deixar essas ideias em um formato que outras pessoas possam ler. Por isso, eu gostaria de agradecer a algumas delas em especial. À minha querida esposa, pela paciência e parceria em tudo; ao meu filho, por indiretamente, me impulsionar a lhe deixar uma mensagem de vida e uma visão de futuro. Aos queridos Clementina Duarte, Nelson da Franca e Luiz Vidal por terem sido os primeiros leitores e por seus importantes comentários.

Aos amigos Hugo Kovadloff e Luciano Deos pelo estímulo para eu continuar escrevendo. Aos meus ex-alunos, espalhados pelo mundo, por manterem contato e me fazerem sentir parte do sucesso deles. Aos leitores do meu primeiro livro, *O Designer Humilde*, por me fazerem acreditar que eu consigo escrever.

Ao Paulo Gontijo, Nicole Unger e Gustavo Moura pela contribuição no lindo projeto gráfico. À Arysinha Affonso, da Bookman Editora, por acreditar no projeto e me ajudar a deixá-lo o melhor possível para os leitores.

Por tudo isso, por todas as oportunidades e por todos os amigos, sou muito grato e este livro é apenas uma pequena tentativa de retribuição.